UN PASEO POR LA HISTORIA

1492

Nivel 2

Sergio Remedios Sánchez

UN PASEO POR LA HISTORIA

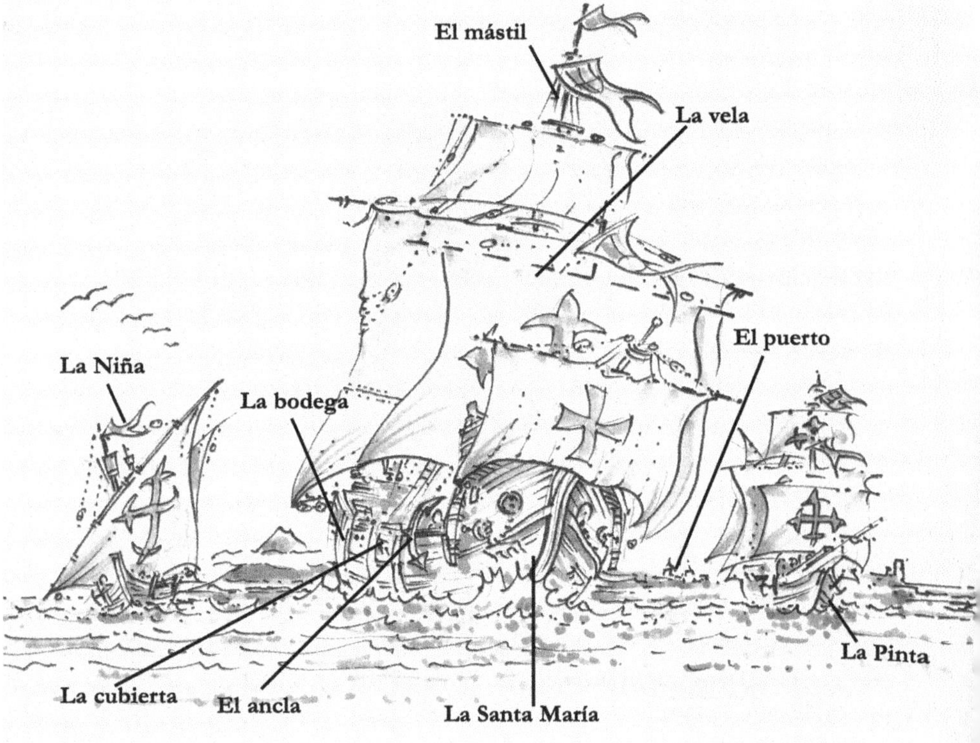

1492

UN PASEO POR LA HISTORIA 1492

CRONOLOGÍA HISTÓRICA

Colón presenta su proyecto de llegar a las Indias por occidente al rey Juan II de Portugal.	1483	Los portugueses eran los grandes navegantes de la época y realizaban la ruta de las Indias por África. Juan II rechazó el proyecto de Colón porque estaba más preocupado por el reino de Castilla y sus ambiciones colonialistas que por investigar otras rutas comerciales.
Colón llega a La Rábida para presentarle el proyecto a Isabel I de Castilla.	1485	En el monasterio de La Rábida conoce a los frailes Antonio de Marchena y a Hurtado de Talavera, que le ayudarán en su proyecto.
Se produce el segundo encuentro de Colón con los Reyes Católicos, y estos aceptan el proyecto.	1491	Gracias a la intervención del fraile Juan Pérez se firman las Capitulaciones de Santa Fe, por las que la reina Isabel se compromete a subvencionar el proyecto después de la conquista de Granada.
Los Reyes Católicos toman Granada. La Reconquista ha terminado.	1 de enero de 1492	El rey Boabdil entrega la llave de la ciudad.
Los tres barcos de la expedición salen del puerto de Palos de la Frontera (Huelva).	3 de agosto de 1492 *(vd. está aquí.)*	Los tres barcos capitaneados por los hermanos Pinzón salen hacia el occidente, tras una escala en las islas Canarias.
Llegada a América.	12 de octubre de 1492	El marinero Rodrigo de Triana divisa la tierra y grita "¡Tierra a la vista!". Es la isla de Martinica.
Colón regresa a España.	15 de marzo de 1493	
Colón realiza tres viajes más a América.	1493 - 1502	En el segundo viaje recorre el actual Puerto Rico; en el tercero, Venezuela; y en el cuarto, Honduras, Nicaragua, Costa Rica y Panamá. Colón nunca supo que no se encontraba en las costas orientales de Asia, sino en un nuevo continente.

1492

Desembocadura: el final de un río.
Bullicioso: ruidoso.
Plaza: lugar, ciudad.

Palos de la Frontera, en la **desembocadura** del río Tinto[1], era una ciudad **bulliciosa** y abierta al comercio. La conquista castellana del valle del Guadalquivir y el interés que los reyes se tomaron por mejorar su economía habían transformado una pequeña localidad de pescadores en una **plaza** vital para el dominio cristiano del estrecho[2].

Los Reyes Católicos habían conquistado Granada a principios de año[3] y había una gran alegría en el pueblo, pero a la vez, una gran duda: ¿a qué se iban a dedicar los ejércitos y los reyes ahora que ya habían terminado la reconquista de la península?

Empresa: actividad difícil y que necesita esfuerzo.
Disparatado: loco, sin sentido.
Arcas: caja de dinero, tesoro.

En el pueblo se oían numerosos rumores y mucha gente estaba alrededor de los reyes intentando conseguir dinero para pagar **empresas**, muchas de ellas totalmente **disparatadas**.

Las **arcas** de los reyes, después de tantos años de guerra, estaban vacías, y estos necesitaban alguna empresa comercial para, con un pequeño gasto, conse-

---

1 -Río que pasa por la provincia de Huelva, al suroeste de España, que es donde está Palos de la Frontera.
2 -Estrecho de Gibraltar.
3 -El 1 de enero de 1492.

guir un gran beneficio y así recuperar todo el dinero que se habían gastado en la conquista de Granada.

Habían pasado ya casi dos años desde su última aventura. En todo ese tiempo, Juan iba todos los días por el puerto. Se levantaba temprano, antes del amanecer, y paseaba triste por el muelle, **atravesando** los **astilleros** y llegando hasta la **lonja**. Por el camino saludaba a viejos marinos conocidos y se **detenía** a dar consejo a los más jóvenes. Todos coincidían en que aquella no era vida para un **experimentado lobo de mar**.

-¿Recuerdas a aquel misterioso extranjero que hace años apareció en el valle? -dijo Juan a su mujer mientras esta le servía la cena. -He oído rumores de que alguien lo ha vuelto a ver cerca de La Rábida[4].

-¡Ya estás otra vez! -respondió **molesta** la mujer. -Cariño, ¿cuándo vas a aceptar que todo eso se ha acabado para ti?

-Ahora no he dicho nada -respondió Juan.

-Pero ya ibas a empezar con tus fantasías y tus aventuras otra vez, que te conozco muy bien -respondió su mujer.

-Bueno, ¿y qué tiene de malo? No puedo participar en

Atravesar: cruzar, pasar por un lugar.
Astillero: lugar para construir y arreglar barcos.
Lonja: mercado publico.
Detener: parar.
Experimentado: experto, con experiencia.
Lobo de mar: marinero viejo.
Molesto: enfadado.

---

4 -Al monasterio de La Rábida, en la provincia de Huelva, llegó por primera vez Cristóbal Colón en 1485. Seis años más tarde, en 1491, en una segunda y crucial visita, conoció al fraile Juan Pérez, que le ayudó a convencer a los Reyes de las posibilidades de su viaje.

nuevos viajes y aventuras y, encima, mi propia mujer tampoco me deja pensar en fantasías -protestó Juan, de mal humor.

Como cada noche desde que ya no salía a navegar por el mar, Juan y María cenan y discuten juntos. Juan pensaba, mientras se llevaba un trozo de pan a la boca, que ni la fidelidad de una bella esposa, ni el respeto a unos hijos sanos lograban **apagar** el entusiasmo de su espíritu aventurero.

Apagar: quitar.

-Prométeme que mañana no vas a ir al puerto -le rogó María. -Tus hijos se hacen mayores y necesitan un padre que les enseñe el camino de la vida.

Mientras escuchaba pacientemente, Juan terminó el vaso de agua y sonrió. Por una vez no pensaba hacer caso de los consejos de su mujer.

A la mañana siguiente Juan se fue como cada día al muelle. A pesar del fuerte viento que soplaba desde hacía más de una semana, trabajo no faltaba, y a Juan no le resultó difícil conseguir el primer contrato para sus hijos con Enrique de Sosa, un viejo amigo mercader de origen portugués.

-Así que estos son tus chicos -dijo satisfecho el mercader mientras ponía su mano sobre la cabeza de uno de ellos. -Si son la mitad de valientes y nobles que tú, estoy seguro de que trabajarán bien para mí -le confesó al oído mientras juntos se **alejaban** de los chicos en dirección a la taberna más cercana.

Alejar: irse lejos.

-Son mis hijos: por supuesto que son buenos y muy trabajadores -respondió Juan, orgulloso, mientras entraban a la taberna.

Aunque hacía ya tiempo que no se veían, Juan y Enrique eran amigos desde la infancia y confiaban mucho el uno en el otro. Después de contarse los últimos acontecimientos de sus vidas, Juan preguntó a Enrique por el rumor que le tenía especialmente **desconcertado**.

Desconcertado: confundido, sorprendido.

-Sí, es cierto, un tal Cristóbal Colón[5] ha visitado recientemente el monasterio y ha hecho amistad con alguno de los frailes. Nadie sabe exactamente lo que se propone, pero hay quien dice que busca ayuda para convencer a la reina Isabel y al rey Fernando de una nueva ruta hacia las Indias[6] -contestó con pena Enrique. -Pero mucho me temo, mi querido amigo, que nosotros somos muy mayores y no veremos esa **hazaña**.

Hazaña: hecho heroico.

-De eso precisamente te quería hablar -añadió al instante Juan, esperanzado por el nuevo rumbo que había tomado la conversación. -Tú eres familia de los herma-

---

5 -Cristóbal Colón (Génova 1451-Valladolid 1506). Marino que descubrió por orden de la reina Isabel I de Castilla una ruta para llegar a Oriente y que realmente llegó a América.
6 -Los españoles intentaban llegar a las costas de Asia, en concreto a la India por una nueva ruta, la ruta occidental, que interesaba mucho a Castilla, y más desde que en 1488 Portugal bordeó el cabo de Buena Esperanza (África) y dio un paso definitivo hacia el dominio comercial de Oriente.

nos Pinzón[7], ¿no es así?

-Efectivamente, trabajé para ellos en más de una oportunidad. Como casi todos, tampoco ellos se resistieron a navegar "por libre" alguna vez.

> **Referirse:** hablar sobre algo.

Juan sabía a lo que **se refería** su amigo. Los Hermanos Yánez Pinzón, además de ricos armadores y experimentados marinos, fueron unos codiciosos piratas que antiguamente habían atemorizado las costas de Levante[8] y de Ibiza[9]. La gente les temía por ello pero, en cambio, a Juan nunca le gustaron los piratas. No entendía que alguien se **echara a la mar** buscando riquezas, cuando navegar era para él la más grande de las **fortunas**.

> **Echar a la mar:** salir al mar.
> **Fortuna:** éxito.

-Tu podrías... Bueno, no sé si tú... -empezó a decir Juan.

-¿Quieres que les hable de ti? -preguntó Enrique.

> **Echar de menos:** tener nostalgia, añorar.

-Sí, me gustaría. Necesito navegar. **Echo de menos** la mar y la aventura -respondió emocionado Juan.

-A las seis en San Jorge, es todo lo que puedo decirte -dijo al fin Enrique, consciente de lo inútil que era negarse a los deseos de Juan.

---

7 -Los hermanos Yánez Pinzón -Martín Alonso, Vicente y Francisco Martín- fueron los marinos que acompañaron a Colón en su viaje a América.
8 -La zona oriental de la Península Ibérica.
9 -Una de las islas que forman el archipiélago de las Baleares. Está situada frente a las costas orientales de España, más concretamente de la Comunidad Valenciana.

Enrique sabía que su yerno Martín Alonso estaba **reclutando** marineros para ese tal Colón, del que casi nadie sabía nada, pero le preocupaba profundamente la intención de Juan, después de todos estos años de **retiro**, de embarcarse de nuevo en una **expedición** tan peligrosa.

> **Reclutar**: contratar.
>
> **Retiro**: sin trabajo, descanso.
>
> **Expedición**: excursión, viaje.

-¡Por lo desconocido! -exclamó de repente Juan, chocando su vaso con el de Enrique.

-¡Por lo desconocido! -repitió Enrique, sin atreverse a mirar los ojos de su amigo.

Las naves laterales[10] de la iglesia estaban llenas de gente y algunos, los más hábiles, iban por detrás de las columnas para llegar al altar. A ninguna ceremonia religiosa fueron nunca tantos fieles como los que aquella tarde habían logrado reunir los hermanos Pinzón.

Juan llegó de los primeros y encontró un buen lugar cerca de la sillería del coro[11]. Desde allí lo veía todo perfectamente y, lo que era más importante, todos le verían muy bien a él. Según se aproximaba la hora prevista, el rumor crecía entre el público, compuesto mayoritariamente por comerciantes, marineros y curas. Juan se dio cuenta de que algo había cambiado. A las antiguas leyendas de sobra conocidas por todos, se sumaban nuevas noticias, contadas por los marinos más jóvenes. Ya

---

10 -Los pasillos que tienen las iglesias a los lados del pasillo central. En ellas suelen situarse las capillas.
11 -Zona cercana al altar donde se sitúa el coro de la iglesia para cantar.

no se hablaba con el mismo respeto del mar ni de sus míticos habitantes. Notaba que sus compañeros se sentían superiores a los más mayores, e incluso que no tenían respeto por el mar. Este pensamiento lo llenó de tristeza.

Cuando Martín Alonso y Vicente Yánez Pinzón entraron en la iglesia, un murmullo de **expectación** recorrió la sala. Los hermanos más famosos de Huelva iban a elegir a los nuevos **tripulantes** de una expedición que sin duda haría historia.

-Nuestras majestades, los Reyes Católicos, no contentos con reconquistar el Reino de Granada[12] -empezó a hablar en tono de discurso militar Martín, -han confiado a Cristóbal Colón la responsabilidad de encontrar una nueva ruta que lleve hasta las **especias**. Con buen criterio, este ha acudido a nosotros, los marinos con más experiencia de toda la Bahía[13], para **llevar a cabo** la hazaña. Ahora, compañeros, no podemos **defraudarle**.

Un coro de voces, aumentado por el eco que producían las palabras al chocar contra los sólidos muros de la iglesia de San Jorge, respondía al discurso del conocido navegante.

-¿Quién teme lo desconocido? -preguntó Vicente.

> **Expectación**: curiosidad.
> **Tripulante**: marinero.
> **Especia**: hierba aromática usada en la cocina.
> **Llevar a cabo**: realizar, hacer.
> **Defraudar**: frustrar, quitar la confianza en alguien.

---

12 -La toma de Granada puso fin a la presencia musulmana en la Península, tras casi ocho siglos de ocupación.
13 -El golfo de Cádiz.

—¡Yo no, yo no! -gritaron todos a la vez, entre **vítores** y aplausos.

Vítor: grito para aclamar a alguien.

—Bien, bien, eso está bien... -retrocedió un poco Martín, sorprendido por la capacidad de convicción de su hermano. -Quiero hombres fuertes, leales, pero sobre todo quiero hombres que no tengan miedo a lo desconocido. ¡La **gloria** será solo para los valientes!

Gloria: fama, éxito.

La reunión estaba a punto de finalizar y, a pesar de los esfuerzos de Juan por convencerlos de que todavía le quedaban fuerzas para navegar una vez más, las dudas de Martín habían terminado con sus últimas esperanzas. —¿Será verdad que mi tiempo ha pasado ya? -se preguntó a sí mismo, con la mirada fija en algún punto de la oscura **bóveda** del templo.

Bóveda: techo de las iglesias y otros edificios públicos.

De repente, una voz ronca que venía del fondo de la nave gritó: —¡Un momento! ¡Juan de la Torre me salvó la vida en Canarias cuando yo era solo un niño! ¿Cuántos marineros de Niebla[14] se pueden permitir decir eso? Vosotros, los jóvenes, no habéis salvado nada ni a nadie, ¡bastante tenéis con llegar **de una sola pieza** a casa cada vez que hay una tormenta!

De una sola pieza: entero, sin heridas.

Juan reconoció al instante la voz. No podía ser otro que Alonso de Huelva, aquel adolescente que recogió un buen día navegando de vuelta de las islas, y del que no

---

14 -El condado de Niebla fue famoso por la abundancia y calidad de marineros que fueron a América.

había vuelto a saber nada desde entonces.

-Es cierto, yo soy testigo de la historia -intervino uno de los curas que seguía atento la discusión.

-De acuerdo, de acuerdo, no sigáis, me habéis convencido -dijo Vicente.- A ver, ese tal Juan, que se levante.

Juan se puso en pie e intentó estirarse lo más posible.

-¿Es verdad todo eso que dicen de ti? -preguntó Vicente Yánez Pinzón.

-Sí. Todo lo que dice es verdad -reconoció con orgullo Juan.

-Entonces ya está decidido, te vienes. Mañana se pondrá en el puerto la lista definitiva de marineros. El Almirante tiene ya todo listo para la partida. Tenéis cinco días para despediros de vuestras familias -dice Martín terminando así la reunión.

Juan, que estaba decidido a llegar pronto a casa, evitó a la muchedumbre que estaba en la entrada, saliendo por una puerta lateral. Lo había conseguido. Aquel iba a ser su último gran viaje.

Por el camino pensó en su mujer, y eso le entristeció un poco, aunque no lo suficiente como para borrar de su ojos el brillo que los embellecía siempre en sus grandes decisiones.

-¡Juan!, -gritó una voz a lo lejos. -Espérame, no corras tanto. Bajaremos juntos.

Juan tardó en reconocer la voz. Era Alonso de Huelva, que bajaba velozmente por la ladera.

-No me has dado las gracias -dijo Alonso cuando se recuperó de la carrera. -¡Si no llega a ser por mí, te veo el resto de la vida **remendando** calcetines!

Remendar: coser.

-Tienes razón, perdona. Han sido los nervios -respondió Juan agradecido.

-A pesar de todo, te debo la vida -dijo nuevamente Alonso de Huelva.

-Por cierto, ¿a qué **te dedicas** ahora? -preguntó intrigado Juan.

Dedicarse: trabajar, hacer.

-Después de aquel desafortunado accidente, pasó mucho tiempo antes de subirme de nuevo a un barco. Pero qué te voy a contar a ti... ¡un marinero nunca abandona el mar, es el mar quien lo abandona a él! -dijo con orgullo Alonso.

-Sin duda, lo que dices es cierto, no hay más que verme a mí -dijo riendo Juan. -Bueno, Alonso, ¿tú también vienes al viaje?

-Yo ya hice mi viaje, ahora tengo otras cosas que hacer -respondió Alonso.

-Pero, ¿cómo te vas a perder esta aventura? -preguntó sorprendido Juan.

-Bueno, digamos que ya viví mi aventura. Casi hemos llegado. Yo me voy a ir en aquella dirección -dijo Alonso señalando una estrecha y oscura calle. -Mi trabajo aquí ha terminado.

-¿Qué trabajo? -preguntó extrañado Juan.

-No te impacientes, compañero, ya lo sabrás algún día. Y cuando lo sepas, prométeme que nunca vas a decir a nadie que conociste al "Piloto Desconocido"[15].

-Lo prometo, aunque todavía no sé muy bien de qué me hablas -contestó Juan estrechando con fuerza la mano de su amigo.

Cuando Juan llegó a casa, era ya media noche, por lo

---

15 -El "Piloto Desconocido", así conocen algunos al misterioso marino que proporcionó a Colón valiosos informes sobre cómo ir y cómo volver de América.

que decidió esperar a la mañana siguiente para dar a conocer la gran noticia. Aquella noche **apenas** pudo dormir. En el desayuno del día siguiente dio la noticia a su familia. Los hijos, viendo la cara que puso su madre, salieron lo más rápidamente posible de la cocina.

> **Apenas**: casi no, muy poco.

-¿Te has vuelto loco? -preguntó gritando y **fuera de sí** su mujer.

> **Fuera de sí**: completamente enfadado, furioso.

-Mujer, no te pongas así -intentó tranquilizar Juan a su esposa.

-¡Cómo que no me ponga así! Nos vas a volver a dejar solos y, encima, ya no eres joven, y me vas a tener preocupada durante unos meses -gritó histérica su mujer.

-Tranquilízate un poco. ¿No ves que no podía vivir sin volver a la mar?

Su mujer se daba cuenta de lo mal que lo había pasado últimamente Juan. Sabía que echaba mucho de menos el mar y la navegación. Era consciente de que había dejado todo eso no por ser viejo, aunque lo era, sino porque ella se lo había pedido. Así que aceptó finalmente, a pesar de que no le gustaba la idea y a pesar de todas las preocupaciones que le iba a traer ese viaje, porque quería mucho a Juan.

Penalidad:
pena,
sufrimiento,
problema.

—Me tienes que prometer que este va a ser tu último viaje -dijo un poco más tranquila su mujer. -Yo no puedo estar tanto tiempo sola, contigo ahí fuera en medio del océano, sufriendo **penalidades**.

—Por supuesto. Dentro de poco no voy a poder hacerlo aunque quiera. Esta es mi última oportunidad. Además, es una gran aventura, la más apasionante de todas. ¡Qué lástima no tener veinticinco años! -respondió Juan.

Según se acercaba el día previsto, el puerto y sus alrededores se fueron poco a poco llenando de curiosos: vendedores ambulantes, viejas que leían el futuro y mendigos que predicaban la catástrofe o la gloria. Tres relucientes barcos[16] esperaban sobre las aguas tranquilas del océano Atlántico a los valientes tripulantes, entre los que, además de marineros, había también un médico, un cirujano, un escribano y un intérprete.

Juan pasó la última noche en tierra firme junto a su mujer y sus hijos, que habían intentado no separarse de su lado desde el día que recibieron la noticia, por el miedo y la preocupación que tenían en sus corazones. De madrugada, Juan se levantó sin hacer ruido y, después de besar a su mujer mientras ella dormía, salió de su casa y caminó hacia el puerto.

---

16 -Son La Pinta, La Niña y La Santa María, los tres barcos que salieron en el primer viaje de Colón a América.

—Tengo una mujer que me ama y unos hijos que quieren seguir mi camino, ¿qué más puedo pedir al Señor? -pensó Juan según se acercaba al grupo de hombres que esperaba en el puerto la orden de **embarcar**. Una vez allí, Juan se unió a ellos y todos juntos oyeron misa. A las pocas horas del 2 de agosto de 1492, los tres barcos dejaron el puerto de Palos rumbo a lo desconocido.

Embarcar: subir a un barco.

—Aquí está de nuevo: el mar **tenebroso** -un repentino escalofrío recorrió el cuerpo de Juan. -¡Parece mentira, tantos años y jamás me acostumbraré a él!

Tenebrosos: oscuro, que da miedo.

Los primeros rayos de sol despertaron a los marineros de su suave **letargo**. Las primeras horas de **travesía** pasaron tranquilas. En la **cubierta** de La Pinta, un grupo de marineros trabajaba con energía para asegurar los cabos de la vela al mástil[17] principal. Todo debía estar preparado para aprovechar al máximo los alisios[18].

Letargo: sueño.
Travesía: viaje.
Cubierta: parte superior de los barcos.

—Ya queda poco para llegar a las Canarias[19], ¿no es así? -preguntó impaciente uno de los marineros. -¿Tú crees que nos detendremos mucho tiempo allí?

—Sí, queda poco, y dudo de que paremos mucho aquí, excepto que tengamos algún **contratiempo** -respondió Juan con la seguridad de quien se conoce el camino. -Por

Contratiempo: problema.

17 -Gran palo de madera puesto verticalmente, del que se cuelgan las velas.
18 -Los vientos alisios cruzan el océano Atlántico de Este a Oeste. Además de facilitar la navegación, ayudan rebajar considerablemente la duración de las travesías. Cristóbal Colón sabía perfectamente cómo hacer uso de ellos y esa fue una de las claves del éxito del viaje.
19 -Archipiélago en el Atlántico.

cierto, chico, ¿cómo te llamas?

-Rodrigo, Rodrigo de Triana[20], señor.

-No me llames señor, tú y yo somos iguales, iguales en la aventura.

-Pero tu experiencia... Todos hablan de ti como el marinero más sabio. Eres una leyenda para nosotros los más jóvenes.

Juan calló ante estas últimas palabras. No sabía que era tan famoso ni tan importante para los jóvenes marineros. -Definitivamente, me hago viejo -pensó. -Después de la fama ya solo queda esperar la muerte.

Un fuerte ruido sacó a Juan de sus pensamientos. Todos corrieron a cubierta para ver qué había sucedido.

-El **timón** de la nave se acaba de romper -anunció con poco ánimo Pinzón. -No estaba previsto en los planes del Almirante, pero tendremos que hacer **escala** en Las Canarias para arreglar los **desperfectos**.

El timón de un barco no se rompe tan fácilmente, pensó Juan -aunque no dijo nada para no aumentar el miedo que veía en los rostros de sus compañeros.

Timón: parte del barco que sirve para conducirlo.
Escala: parada.
Desperfecto: daño, rotura.

---

20 -Fue el marinero que vio primero las costas del Caribe y grito: "¡Tierra a la vista!".

La estancia en Canarias fue de un mes. Por fin, tras haber arreglado el timón y haber cambiado las velas de La Niña, los intrépidos marineros pusieron de nuevo rumbo a las tierras ricas en oro y plata, dejando atrás la belleza de las islas. Empezaba, ahora sí, la verdadera aventura.

-Ya no hay vuelta atrás, ¿verdad, Juan? -pregunta Rodrigo.

-No, no la hay, chico, pero no te preocupes, seguro que todo este esfuerzo sirve para algo -responde Juan, algo sorprendido por la franqueza del joven.

Durante la estancia en las Canarias, Juan tomó mucho **aprecio** por el joven Rodrigo. Pensaba que no era mucho mayor que sus hijos y le recordaba a ellos. Para Rodrigo, la sensación era la contraria. Juan le daba mucha seguridad y le enseñaba todo lo que había que saber sobre el mar. Era como un padre para él.

Aprecio: cariño.

-Una vez oí decir que en este océano solo habitan monstruos, amazonas[21] y dragones, y que el mundo termina en su horizonte. Tengo miedo, aunque seguro que Dios está de nuestro lado, y que el Paraíso está **a la vuelta de la esquina** -dijo Rodrigo.

A la vuelta de la esquina: cerca.

-Je, je. ¡Seguro! -contestó Juan. -Recuerda que fue Él

---

21 -Guerreras míticas pertenecientes a una antigua civilización.

quien nos dio fuerzas para vencer al infiel[22], y te apuesto lo que quieras a que tampoco nos abandonará ahora.

Lentamente, los días fueron pasando y el entusiasmo inicial dejó paso a una incertidumbre generalizada entre los tripulantes de las tres naves. Solo los más cercanos a Colón y a los Hermanos Pinzón parecían no perder la ilusión de ver tierra en algún momento.

La situación se empezó a poner muy mal. Los marineros comenzaban a perder la paciencia. La disciplina, que todo marinero debe tener, la empezaron a descuidar porque se sentían decepcionados al no encontrar tierra.

Escasear: haber poco, tener poco.
Motín: revolución.

Según continuaba el viaje, las peleas eran más frecuentes, los víveres **escaseaban** y pronto tuvieron lugar los primeros **motines**, que fueron rápidamente controlados por la firmeza de Martín Alonso Pinzón. La palabra "engaño" se repetía entre los marineros mas jóvenes, aunque ninguno perdió la esperanza jamás.

Entretanto, Juan, muy interesado por las nuevas técnicas de navegación, parecía no darse cuenta de los problemas reales. Nunca antes había visto aquellos instrumentos tan precisos, aunque algo había oído hablar sobre su utilidad.

---

22 -Nombre con el que se llamaba a los musulmanes.

-Las estrellas han sido siempre mis mejores compañeras -ríe Juan. -¡Me será difícil acostumbrarme ahora a tantas agujas!

-Es muy fácil, Juan -responde Rodrigo. -Por fin te voy a poder enseñar algo yo a ti -dice orgulloso.

-Eso pasa siempre, Rodrigo. Siempre hay un día en el que el aprendiz enseña al maestro. A ti también te va a pasar -dice serio Juan.

Había pasado ya más de un mes desde que dejaron las Canarias, y la paciencia de algunos se agotaba. De repente, un sonido familiar despertó a los marineros. Todos corrieron a cubierta y vieron unos pájaros volando junto al palo mayor[23], como si fueran delfines mostrándoles el camino correcto.

La noticia pasó de boca en boca y a los pocos minutos no había nadie en ninguno de los barcos sin saberlo. Aquella noche los abrazos y las muestras de cariño llenaron de felicidad los **camarotes** de la cansada expedición.

Camarote: habitación en un barco.

-Mirad esas maderas flotando sobre las olas -señaló con el dedo Juan a un grupo de marineros jóvenes. -Solo pueden querer decir que pronto veremos tierra.

---

23 -El mástil mayor del barco.

-¡La tierra salvadora! -dijo uno.

-¡La tierra que nos va a hacer ricos! -dijo otro.

-La tierra Prometida... -suspiró Juan.

Un grito fuerte interrumpió la conversación de los tres hombres:

-¡Tierra!¡Tierra a la vista! -gritó la voz. Era Rodrigo de Triana, que aquella noche estaba de vigía en La Pinta.

Nada más oír la voz, toda la tripulación empezó a trabajar con ilusión. Ocho horas después de haber divisado tierra, los españoles desembarcaron en una playa desierta. Era el 12 de octubre de 1492.

A la mañana siguiente, al bajar de los barcos, una suave y cálida **brisa** acabó con las dudas de los más desconfiados. No había duda: la fina arena, el agua trasparente, el calor agobiante... todo, todo resultaba nuevo y extraño para sus ojos.

-Si existe el Paraíso, seguro que no debe de ser muy diferente a esto -dijo Rodrigo.

-Sí, tienes razón -respondió Juan. -Pero desconfía,

Brisa: viento

UN PASEO POR LA HISTORIA   1492

tanta calma nunca es buena.

—He oído decir que el Almirante ha bautizado[24] esta isla como San Salvador[25], y que pronto va a salir una expedición a recorrerla. Quizás vive alguien en ella.

—No parece difícil -dijo Juan. -Mira a tu izquierda, creo que se acercan unos hombres.

Efectivamente, mientras los españoles se esforzaban por construir un pequeño campamento provisional cerca de la playa, escondidos detrás de las palmeras, un grupo de hombres medio desnudos observaban a los extraños **náufragos** de **armadura reluciente**. A una señal de quien parecía su jefe, salieron de su escondite hacia los españoles, que rápidamente **retrocedieron**, sorprendidos por el primitivo aspecto de sus anfitriones.

Estos, al llegar frente a Colón y sus hombres, se arrodillaron[26] y empezaron a hablar en un idioma nunca antes escuchado por los españoles.

Desde su lejana posición, Juan apenas pudo seguir el desarrollo del encuentro[27], y las caras de asombro que veía en sus compañeros tampoco le ayudaron mucho. Aunque meses después, ya de vuelta en España, iba a

Náufrago: persona que se ha salvado de un barco hundido.
Armadura: traje de metal de los soldados en la antigüedad.
Reluciente: brillante.
Retroceder: ir hacia atrás.

---

24 -Bautizar es el acto cristiano por el cual se le da nombre a una persona a la vez que se le presenta a la comunidad.
25 -También llamada Guanahaní por los indígenas. Es la actual Martinica.
26 -Al llegar a tierras americanas, los nativos creyeron que los españoles eran dioses, por sus extrañas vestiduras.
27 -Después de mucho debatir, tras la celebración del V Centenario del Descubrimiento de América en 1992, la palabra "encuentro" terminó por ser universalmente aceptada por los expertos, frente a otras supuestamente más peyorativas.

contar una y otra vez hasta el último detalle de ese primer desembarco, sobre todo el episodio de la mujer joven y guapa que se le acercó y le pidió la espada, pero en vez de tomarla por el puño, lo hizo por el filo y empezó a sangrar levemente a la vez que reía despreocupada, sin avergonzarse de su ignorancia. Juan había escuchado la risa de muchas mujeres en sus infinitos viajes, pero ninguna le había parecido tan inocente y dulce como la de aquella misteriosa indígena.

-Es curioso, jamás pensé que los indios[28] se sorprendieran tanto de nuestra presencia -confesó Juan a su amigo Rodrigo.

-Sí, desde que Marco Polo[29] les visitó, deberían ya estar acostumbrados a tratar con cristianos -respondió Rodrigo, quien a pesar de su juventud, conocía de memoria las grandes hazañas de los más famosos aventureros de la historia. Unas se las sabía él y otras se las había ido contando Juan durante el viaje.

-Y ese tal Marco Polo, ¿qué buscaba? -preguntó Juan intrigado.

-Lo que todos, riqueza en esta vida y fama en el cielo -respondió Rodrigo, que a veces jugaba a ser un adulto respondiendo cosas profundas.

---

28 -Los españoles pensaban que habían llegado a la India.
29 -Mercader veneciano (1254 - 1324) que llegó hasta China.

-A mí me basta con una mujer y unos hijos fieles y llevarme bien con mi vecino -rió Juan.

-A mí me basta con amigos como tú -rió también Rodrigo, y ambos se abrazaron con emoción.

Mientras tanto, Colón y los capitanes intentaban conocer a los indios. Las reuniones se hacían cerca de la playa, bajo unos grandes árboles que daban sombra suficiente para aguantar las largas horas de malentendidos y situaciones cómicas. El ambiente era relajado, y solo las miradas que los marineros lanzaban a sus mujeres, parecía enfadar a los indígenas.

Después de dos días de reunión sin resultados, Colón ordenó volver a embarcar a sus hombres y seguir recorriendo la zona, en busca de hombres más poderosos y riquezas más abundantes.

Al echar la vista atrás, Rodrigo contempló con asombro la bella imagen de los círculos de coral que rodeaban la isla, y que, siendo niño, tantas veces había imaginado.

A los pocos días, volvieron a tierra, pero tanto la nueva isla como sus habitantes, no se diferenciaban mucho de los que encontraron en San Salvador. Un poco decepcionados, Colón y los suyos decidieron intentarlo de nuevo.

-Será difícil dar con ese Gran Khan[30] -dijo Rodrigo a Juan cuando este despertó de la breve siesta que había dormido sobre unos barriles de agua.

-Sí, y más todavía después de lo que ocurrió anoche -respondió Juan.

-Bueno, no hay que darle importancia. Pinzón es también un gran navegante, sabrá arreglárselas solo -dijo Rodrigo, a quien parecían preocuparle más otras cosas.

En efecto, la falta de resultados había conducido a Martín Alonso Yánez Pinzón a separase de Colón, aprovechando la mayor velocidad de La Pinta, y buscar por su cuenta el **codiciado** oro, del que apenas habían tenido noticias hasta el momento.

Codiciar: desear.

Juan y Rodrigo continuaron el viaje en La Niña, que junto con La Santa María, todavía estaban a las órdenes de Colón. Pronto alcanzaron una isla mayor que las demás. Fue bautizada como La Juana[31]. El Almirante pensaba que habían llegado a la gran isla de Cipango[32], la más famosa de oriente. Un grupo de hombres, entre los que se encontraban Juan y Rodrigo, fueron a explorar la costa y el interior.

---

30 -Rey mítico de la India.
31 -Actualmente Cuba.
32 -Actualmente Japón.

Después de una semana de expedición, volvieron al campamento con las manos vacías de oro, pero con unos objetos muy curiosos que pronto se convirtieron en la envidia de los demás compañeros.

Colón, después de tan pobres resultados y, al no encontrar grandes ciudades ni reyes poderosos, se decepcionó nuevamente y llegó a la conclusión de que esa isla no era Cipango.

En uno de los encuentros con una tribu de la isla, Rodrigo se había interesado por una cosa que después de chuparse, hacía salir humo de la nariz y de la boca. Su curiosidad juvenil le había llevado a probar el invento. El cacique[33] de la tribu le había regalado varias cañas y una cajita con el extraño ingrediente.

-El diablo te ha poseído -bromeaban con Rodrigo sus compañeros. Pero pronto ellos también cayeron en aquel vicio tan placentero.

Al cabo de una semana, el grupo de hombres llegó a otra isla de gran tamaño, que fue bautizada como La Española[34]. En ella decidieron quedarse durante más tiempo, en busca de nuevas riquezas.

Juan llevaba unos días muy cansado, sin poder comer ni dormir bien. Su aspecto cada vez era peor. Muchos

---

33 - Nombre que generalmente recibe el jefe de una tribu.
34 - Actualmente la República Dominicana y Haití.

meses de viaje en duras condiciones eran demasiado para él.

-Estoy preocupado por nuestro amigo -dijo Rodrigo a Santiago, uno de los jóvenes marineros que siempre había permanecido junto a ellos.

-Sí, yo también -respondió Santiago. -Parece cansado, quizá esté enfermo.

-Es el clima, demasiada humedad para sus huesos -aseguró Rodrigo.

-En el fondo todos estamos algo enfermos -dijo Santiago. -Llevamos ya tres meses de isla en isla y apenas hemos encontrado nada de valor. Las fuerzas se **agotan** y el ánimo también.

Agotar: acabar, terminar.

-Al menos no hemos sido seleccionados para quedarnos en Navidad -respondió aliviado Rodrigo. -Algo me dice que hay algún peligro allí, aunque todavía no sé cuál.

Encallar: quedarse un barco sin poderse mover por la tierra o una roca.

El Fuerte Navidad[35] se había construido con los restos de La Santa María, que tuvo un accidente y **encalló**, siendo imposible recuperarla. Colón hizo fundar con sus restos la primera colonia española y dejó a treinta y nueve hombres a su cargo. Por suerte para Juan, su aspecto débil y cansado le había salvado de formar parte del grupo.

---

35 -Se llamó Fuerte Navidad porque el accidente de La Santa María tuvo lugar precisamente la noche del día de Navidad, el 25 de diciembre de 1492.

Con la llegada del nuevo año, Colón decidió emprender viaje de regreso. Todos los marineros celebraron la idea con abrazos, y en especial Rodrigo, que estaba preocupado por la salud de su amigo.

-¡Volvemos! -dijo Rodrigo a Juan. -Pronto estarás de nuevo con tu familia: sano y salvo.

-Ay, amigo Rodrigo, ya no soy el de antes -dijo Juan. -¡No he podido ayudar mucho en este viaje!

-No digas eso, Juan -respondió Rodrigo. -Aunque no lo creas, tu ayuda ha sido fundamental. Los hermanos Pinzón son unos marineros muy experimentados, y Colón un capitán muy sabio, pero tú has sido el ejemplo para todos nosotros. Nos has dado valor y transmitido tu experiencia, ¿te parece poco?

-Nada me parece poco si eres tú quien me lo dice -respondió Juan. -¡Brindemos! -Tomó una jarra y se la pasó a su amigo, quien a su vez le dio con amabilidad aquel extraño producto que todos ya llamaban tabaco[36].

El viaje de regreso fue muy peligroso, pero no se volvieron a producir tensiones como en la ida, a pesar de la impaciencia de los tripulantes por llegar a casa. Nada más salir, La Pinta, que había estado desaparecida durante un par de meses, se unió de nuevo a la nave de Colón

---

36 -En el primer viaje de Colón, además de descubrirse América, los europeos tuvieron por primera vez noticia de esa planta llamada *tabaco*, que los indígenas fumaban a modo de ritual, y que pronto causaría furor en Europa.

para hacer juntas la travesía.

Durante los tres meses de vuelta, fuertes tormentas pusieron en peligro el éxito de la expedición. Muchos de los marineros, temiendo por su vidas, rezaban durante horas y horas y algunos hacían promesas de peregrinación a Santiago[37] si Dios les ayudaba a salvarse.

Bodega: interior de un barco.

Juan apenas notó nada de esto. Su salud empeoraba día tras día, y ya solo salía de la **bodega** del barco al mediodía, cuando el tiempo era más tranquilo y el mar estaba en calma.

Rodrigo y Santiago pasaban horas cuidándole y contándole extrañas historias sobre los indígenas que viajaban con ellos para presentárselos a los reyes. Estos extraños personajes, según los jóvenes, hablaban muy raro y hacían cosas más raras todavía. Juan no sabía lo que escuchaba por la fiebre. Pensaba que sus compañeros le estaban **tomando el pelo** o que simplemente esos indios estaban locos.

Tomar el pelo: bromear con alguien, burlarse de alguien.

Una de las tormentas les obligó a desembarcar en las islas Azores[38], que pertenecían al rey de Portugal. Este rey había rechazado el proyecto de Colón antes de que este se lo ofreciera a los Reyes Católicos.

-Estamos detenidos por mandato del rey de Portugal

---

37 -Santiago de Compostela (Galicia), uno de los lugares santos de la cristiandad donde anualmente van en peregrinación muchos creyentes.
38 -Archipiélago formado por nueve islas y situado en el océano Atlántico. Actualmente constituye una región autónoma de la República de Portugal.

—informó Rodrigo a Juan.

—¿Cómo? —preguntó Juan, que pensó que la fiebre le hacía delirar más de lo normal.

—Sí, después de la última tormenta, tuvimos que detenernos en Santa María, una de las islas de las Azores, propiedad de Juan II[39]. Pronto vendrán a buscarnos para llevarnos ante las autoridades.

En efecto, después de unas horas, los tripulantes de La Niña fueron al palacio virreinal, donde se entrevistaron con el gobernador local. Entre los detenidos también estaba Juan, que apenas podía estar de pie. Rodrigo y Santiago tenían que ayudarle a caminar.

Pero aquel día la suerte estaba del lado de los españoles. Cuando entraron en la sala del gobernador, uno de los ayudantes se acercó a Juan. Era Alonso de Huelva, su viejo y enigmático amigo.

Alonso habló a favor de Juan y de sus compañeros, y pronto todos volvieron al barco. Colón, que durante aquel día apenas había salido de su camarote de La Niña, felicitó a Juan cuando conoció lo sucedido.

—Todo ha estado a punto de ir mal, pero gracias a ti, la expedición puede seguir su rumbo sin más contratiem-

---

39 -Rey de Portugal entre los años 1481 y 1495, que restableció el prestigio de la monarquía y ayudó a la empresa portuguesa de ultramar.

pos que los caprichos de la naturaleza. Se nota que eres amigo del mar y de los hombres. Hablaré de ti al rey Fernando a nuestro regreso.

-Gracias, Almirante, pero ahora mismo, con descansar un poco y volver junto a mi familia, tengo bastante -respondió sinceramente Juan.

-Eres un hombre modesto y de sencillos placeres. Me encargaré de que no te falte nada para que recuperes tu salud y estés sano cuando llegues junto a tu familia.

Con esta promesa, Juan volvió a su cama y cerró los ojos. Al contrario que otras noches, pronto se durmió, con un sueño dulce y cálido, del que hacía mucho tiempo que no disfrutaba.

A partir de ese día el médico le visitaba y le daban una mayor ración de comida. Rodrigo le dijo que era de la propia comida del Almirante. Estaba cumpliendo su palabra.

Levar el ancla: subir el ancla un barco para poder salir.

Tras una breve estancia en Lisboa[40], donde Colón se entrevistó en persona con Juan II, La Niña **levó anclas** por última vez, y tras diez días de navegación frente a las costas portuguesas, llegó al puerto de Palos.

Habían pasado treinta y dos semanas desde su parti-

---

40 -Capital de Portugal.

da y, a pesar de las caras de cansancio, el **júbilo** con el que fueron recibidos consiguió sacar una amplia sonrisa de las caras de todos los marineros.

Júbilo: alegría.

Juan fue bajado en una silla por sus dos amigos, Rodrigo y Santiago. En el puerto le esperaban su mujer y sus hijos. Cuando le vieron acercarse, corrieron hacia él emocionados.

Después de más de un mes en cama bajo la mirada atenta y los cuidados de su familia, y las frecuentes visitas de Rodrigo y Santiago, Juan se recuperó. Habían llegado hacía poco dos cartas que parecían importantes, porque llevaban el sello real.

Una de ellas era de Colón, que le deseaba salud para hacer una nueva expedición. Decía que le encantaría volver a viajar con él. Colón le contaba lo bien que había ido todo con los reyes y que estos se sentían muy complacidos con Juan por lo bien que había realizado su trabajo.

La otra carta era de los mismísimos reyes. En ella le decían que Colón les había contado sus grandes servicios prestados y que le estarían eternamente agradecidos. Le concedían una pequeña suma de dinero para el resto de su vida y le decían que también habían mandado una carta al alcalde de Palos de la Frontera. Este tenía que escribir un bando público⁴¹ honrando su trabajo y colgarlo todo un mes en la puerta de la iglesia.

Por fin pudo salir a la calle. En el ambiente todavía se notaba el aroma de los grandes éxitos. Juan se acercó al puerto. Su amigo Enrique de Sosa charlaba amigablemente, cuando, al verle, corrió a saludarle.

-¡Cuánto tiempo, marinero! ¡Por fin entre nosotros! -gritó Enrique. -Ya sabrás que vuestro viaje ha tenido tanto éxito que Colón se ha entrevistado de nuevo con los reyes en Barcelona y pronto saldrá otra expedición.

Juan ya lo sabía, pero no dijo nada. Tenía una idea: sus hijos irían con Colón en el próximo viaje, ya que él no podía ir.

Ese mismo domingo, cuando iba a misa junto a su esposa y sus dos hijos, en la plaza del pueblo, el pregonero leyó el bando en su honor y todos empezaron a aplaudirle, saludarle y darle la enhorabuena. Juan estaba muy emocionado y no pudo evitar unas lágrimas. Su mujer estaba muy orgullosa de él, al igual que sus hijos.

El viaje de Juan fue el primero de una serie de viajes que hizo Colón para descubrir el Nuevo Mundo. Cuando murió, todavía no sabía que había descubierto el continente americano, pero sus viajes sirvieron de referencia

---

41 -Un pregonero en la plaza del pueblo decía en voz alta lo que ponía en un papel oficial que luego era colgado en la puerta de la iglesia o del ayuntamiento durante el periodo de tiempo necesario.

a todos los que vinieron después de él.

Los españoles aprovecharon la ruta descubierta por Colón para llegar al Nuevo Mundo y conquistarlo para su propio beneficio. Poco tiempo después, otros países, como Portugal, Francia, Holanda e Inglaterra también se aprovecharon de los descubrimientos que realizó el Almirante.

Juan vivió apaciblemente el resto de vida junto al mar, pero sin volver a navegar, cumpliendo la promesa que le había hecho a su mujer. Sus hijos fueron en los tres siguientes viajes de Colón a América, haciéndose grandes navegantes y llenando de orgullo a su padre.

ACTIVIDADES

Responde a las preguntas al mismo tiempo que lees el relato o después.

páginas 4 a 6

1. ¿Cómo era Palos de la Frontera en tiempos de los Reyes Católicos?
   ....
   ....
   ....

2. ¿Por qué querían hacer los Reyes Católicos más hazañas después de la toma de Granada?
   ....
   ....

3. ¿Quién era Juan? ¿Cómo era su vida?
   ....

páginas 7 a 12

4. ¿Qué descubre Juan de la visita de Cristóbal Colón a La Rábida?
   ....
   ....

5. ¿Dónde y cuándo le propone Enrique Sosa verse de nuevo? ¿Para qué?
   ....
   ....

6. ¿Qué ocurrió en la iglesia de San Jorge?
   ....
   ....

7. ¿Quién ayudó a Juan a conseguir un contrato para ir al viaje? ¿Quién era?
   ....
   ....

8. ¿Cómo reaccionó su familia cuando se enteraron de la noticia?
....

páginas 13 a 18

9. ¿Qué le prometió Juan a su mujer?
....

10. ¿Qué hizo Juan el último día, antes de subir al barco?
....

11. ¿Por qué tuvieron que estar un tiempo en las islas Canarias?
....

12. ¿Cuánto duró la estancia en las Canarias? ¿A quién conoció allí Juan?
....

páginas 19 a 24

13. ¿Cómo fue el viaje? ¿Por qué?
....

14. ¿Qué pasó el día que vieron América por primera vez?
....

15. ¿Cómo fue el primer contacto con los indígenas?
....

16. ¿Por qué estaba un poco desilusionado Colón?
....

páginas 25 a 30

17. ¿Qué buscaban Colón y sus hombres?
....

18. ¿Por qué solo volvieron dos barcos a España?
....

19. ¿Cómo estaba Juan?
....

20. ¿Qué pasó durante el regreso a España?
....

final

21. ¿Por qué estaba Colón tan agradecido a Juan?
....

22. ¿Qué le dieron los Reyes Católicos a Juan?
....

23. ¿Qué hicieron los hijos de Juan?
....

GLOSARIO

Escribe la traducción de estas palabras en tu lengua.

accidente, el ....
acontecimiento, el ....
adolescente, el/la ....
adulto/a ....
alcalde/-sa, el/la ....
alejarse ....
ancla, el ....
ánimo, el ....
añadir ....
apagar ....
apasionar ....
aplauso, el ....
aprecio, el ....
aprendiz, el/la ....
aproximar ....
arena, la ....
armador/-a, el/la ....
aroma, el ....
arreglar ....
asegurar ....
astillero, el ....
atemorizar ....
aventurero/a ....
avergonzarse ....
bello/a ....
beneficio, el ....
boca, la ....
borrar ....
brillo, el ....
brisa, la ....
caja, la ....
calcetines, los ....
cálido/a ....

calma, la ....
capitán/-a, el/la ....
catástrofe, la ....
chocar ....
cielo, el ....
cirujano/a, el/la ....
clima, el ....
cocina, la ....
codiciado/a ....
colonia, la ....
comerciante, el/la ....
comercio, el ....
cómico/a ....
confesar ....
confiar ....
contestar ....
contratiempo, el ....
contrato, el ....
deber ....
débil ....
decepcionar ....
desconcertado/a ....
desconfiado/a ....
descubrimiento, el ....
descuidar ....
desierto/a ....
desilusionar ....
desnudo/a ....
detalle, el ....
diablo, el ....
discutir ....
domingo, el ....
dulce ....

economía, la ....
edad, la ....
elegir ....
embarcar ....
energía, la ....
enfermo/a ....
entender ....
entrevistarse ....
esconderse ....
escribano/a, el/la ....
esforzar ....
especia, la ....
especial ....
espíritu, el ....
esquina, la ....
estar de pie ....
estrechar ....
estrella, la ....
expectación, la ....
experiencia, la ....
experimentado/a ....
explorar ....
extranjero/a ....
extrañar ....
extraño/a ....
fantasía, la ....
fidelidad, la ....
franqueza, la ....
fundar ....
gastar ....
gasto, el ....
gloria, la ....
hábil ....
habitar ....
hazaña, la ....
histérico/a ....
horizonte, el ....

hueso, el ....
humo, el ....
idioma, el ....
iglesia, la ....
ignorancia, la ....
impaciencia, la ....
impaciente ....
indio/a, el/la ....
infancia, la ....
ingrediente, el ....
instrumento, el ....
interés, el ....
interior ....
interrumpir ....
intrépido/a ....
inútil ....
invento, el ....
isla, la ....
juvenil ....
lástima, la ....
libre ....
llegada, la ....
llenar ....
local, el ....
lonja, la ....
madre, la ....
madrugada, la ....
maestro/a, el/la ....
malentendido, el ....
marinero/a, el/la ....
marino/a, el/la ....
médico/a, el/la ....
memoria, la ....
mendigo/a, el/la ....
mentira, la ....
misterioso/a ....
mítico/a ....

modesto/a ....
molesto/a ....
monstruo, el ....
motín, el ....
muchedumbre, la ....
murmullo, el ....
nariz, la ....
naturaleza, la ....
náufrago/a ....
nave, la ....
navegante, el/la ....
navegar ....
negarse ....
notar ....
objeto, el ....
océano, el ....
octubre ....
ola, la ....
oportunidad, la ....
oriente, el ....
origen, el ....
oscuro/a ....
país, el ....
pájaro, el ....
palmera, la ....
paraíso, el ....
partir ....
peligro, el ....
penalidad, la ....
pensamiento, el ....
perdonar ....
permitir ....
pertenecer ....
pesar ....
pescador/-a, el/la ....
pirata, el/la ....
placentero/a ....

plata, la ....
preguntar ....
preocupación, la ....
probar ....
producir ....
promesa, la ....
propiedad, la ....
proyecto, el ....
raro/a ....
reconocer ....
reconquistar ....
regreso, el ....
repentino/a ....
repetir ....
responsabilidad, la ....
retiro, el ....
retroceder ....
rogar ....
romper ....
sangrar ....
sano/a ....
satisfecho/a ....
sencillo/a ....
silla, la ....
sombra, la ....
sueño, el ....
técnica, la ....
temer ....
temprano/a ....
tensión, la ....
tormenta, la ....
travesía, la ....
tripulación, la ....
tripulante, el/la ....
utilidad, la ....
vela, la ....
veloz ....